Barbara Augustin

Borstel und das Auto

Illustriert von
Heinz-Helge Schulze

Buchverlag
Junge Welt

Iiiiiii!» Borstel saß schreiend im Gras mitten im Wald an einem sonnigen Frühsommermorgen. Die Vögel verstummten für einen Moment und der Specht hörte auf zu hämmern.

«Iiiiiiiii!» schrie Borstel unverdrossen, bis Hoppel, der Hase, angerannt kam, seinem Freund zu helfen.

«Was ist passiert?» fragte er besorgt und beäugte Borstel von hinten und von vorn. Er ging um die dicke Eiche herum, niemand hielt sich versteckt. Nun ist ja ein Hase nicht besonders mutig,aber für Borstel guckte Hoppel sogar hinter und unter das undurchdringliche Brombeergesträuch. Auch da war nichts Verdächtiges.

«Iiiiii!» schrie Borstel wieder so laut, daß Hoppel vor Schreck einen Haken schlug und nur ganz vorsichtig zurückkam.

«Was schreist du so?» wollte er wissen.

Borstel legte sich auf den Rücken und streckte Hoppel seine vier Igelpfoten entgegen. Jetzt sah Hoppel es deutlich, bis zum Bauch waren sie stellenweise schmierig und dunkel gefärbt, und als er sich darüber beugte, stieg ein fremder beißender Geruch in seine empfindliche Nase.

«Iiiii!» rief nun auch Hoppel.

«Iiiiiiiiii!» stimmte Borstel wieder mit ein. «Ist das ein neues Spiel

oder wollt ihr mich ärgern?» fragte Wildkater Schlurf. Er ging auf den strampelnden Borstel zu, machte jedoch kurz vor ihm einen Satz rückwärts, als ihm in die Nase stieg, was schon Hoppel hatte schnuppern müssen.

«Iiii!» machte auch er und wollte davonschleichen. Dabei sagte er leise vor sich hin:«Gefährlich, ganz gefährlich, dieser Gestank!»

«Was soll das heißen?» rief Hoppel und stellte sich dem Wildkater in den Weg. «Du kannst uns nicht einfach im Stich lassen, wenn du weißt, was so seltsam riecht an Borstels Füßen. »

«So hat es damals angefangen in meinem alten Wald, mit diesem

Geruch», sagte der Kater düster.

«Der Wald, der gestorben ist?» fragte Hoppel schaudernd. Vor einiger Zeit war der Wildkater bei ihnen aufgetaucht.«Ein Wildkater ist etwas Besonderes», hatte Onkel Uhu gesagt, als sie ihn erschöpft und ziemlich zerlumpt gefunden hatten. Er konnte kaum noch laufen, nicht springen und klettern, er schlief und schlief, und wenn er wach war, schlurfte er nur von einem Fleck zum anderen. So kam er zu seinem Namen.

Längst ist er wieder ein stattlicher Wildkater geworden, wenn er

auch etwas eigensinnig ist. Er kommt und geht, wie es ihm paßt. Er gibt auch gern ein wenig an mit seinem grau-schwarz geringelten Schwanz und seinen starken Tatzen. Aber er versteht es, seine neuen Freunde mit aufregenden Geschichten zu fesseln. Darum mögen sie ihn und sehen ihm sogar manche Flunkerei nach. Nur die Gruselgeschichten, die glauben sie ihm aufs Wort, die sind zu schauerlich. Die von den Jägern zum Beispiel und natürlich die vom gestorbenen Wald.

«Ich glaube aber, jetzt übertreibst du», sagte Hoppel. «Wie kann denn der Wald von Borstels stinkenden Pfoten sterben?»

«Ich merke, daß du keine Ahnung hast, Hoppel. An Borstels Pfoten klebt Öl von einer Maschine.»

«Iiiiiii!» schrie Borstel wieder.

«Schreien hilft nicht, merk dir das, Borstel», belehrte ihn Kater Schlurf.

«Wir waschen Borstel, dann ist alles wieder gut», schlug Hoppel vor.

«Lieber nicht, denn ist das Zeug erst einmal im Wasser, wird alles noch schlimmer. So hat es in

meinem Wald damals auch angefangen. Zuerst nur wenig Öl, wenig Gestank, aber die unteren Zweige der Bäume verloren ihre Nadeln. Dann nahm der Gestank zu, die Laubbäume warfen mitten im Sommer ihre Blätter ab, als wäre der Winter im August.»
Borstel und Hoppel wurde kalt bei Schlurfs Bericht.

«Ihr wißt doch, daß die Blätter und Nadeln der Bäume viel frische Luft herstellen?» fragte Schlurf.
Kleinlaut schüttelten Hase und Igel die Köpfe.

«Es wird Zeit, daß ihr mal wieder in die Waldschule geht», sagte der Kater. «Ihr müßt doch Bescheid wissen. Also das ist so mit den Blättern, sie nehmen Wasser auf von ihrem Baum und aus der Luft, lassen sich von der Sonne bescheinen und stellen frische Luft her, die wir alle zum Atmen brauchen.»

Eifrig nickten Hoppel und Borstel.

«In meinem früheren Wald wurde es von Tag zu Tag schlimmer. Immer mehr Maschinen, immer mehr Öl, immer mehr Gestank. Sogar der Regen war nicht mehr frisch, sondern sauer, die Blätter konnten selbst nicht mehr atmen, und die Wurzeln der Pflanzen verkümmerten. Es gab bald keine Blumen mehr, kein Moos, kein Gras, keine Pilze.»

«Nicht mal Pilze?» Die aß Borstel so gerne.

«Nicht mal Pilze», sagte Schlurf. «Bald gab es keine Bienen, keine Hummeln mehr, keine Ameisen, nicht einmal Raupen. Die Vögel verstummten und suchten woanders ein neues Zuhause, weil sie kein Futter mehr fanden. Den Rehen, den Hasen, den Füchsen und den Mäusen ging es genauso. Da mußte auch ich weg», schloß er seufzend. Diese Geschichte machte ihn selbst immer wieder traurig. «Ich muß jetzt gehen», sagte er rasch und war verschwunden.

«Was wird denn nun mit mir?» schrie Borstel.

«Stell dich nicht so an», sagte Hoppel, «wir wischen deine Pfoten ab, und alles ist wieder gut.»

«Das habe ich selber schon probiert.»

Wieder zeigte Borstel seine schmierigen Pfötchen.

«Nahe beim kleinen See wächst Huflattich, die Blätter sind prima zum Abrubbeln, komm», forderte Hoppel den Freund auf.

Kaum war Borstel ein paar Schritte gelaufen, stolperte er, denn an seinen klebrigen Pfoten blieben Blätter und Tannennadeln haften. Also holte Hoppel die Huflattichblätter herbei und bearbeitete Borstels Pfoten abwechselnd mit Sand und den griffigen Blättern, bis dieser beinahe ganz sauber und nur noch wenig von dem fremden Duft um ihn war.

«Danke, Hoppel, du bist eben mein beste Freund», sagte Borstel, rannte los, und mit einem Purzelbaum kullerte er ins Huflattichdickicht.

«Warte!» Hoppel lief ihm nach. Borstel stand am kleinen See.

«Pst!» zischte er, als Hoppel schnaufend ankam.

«Oh!» sagte Hoppel überrascht.

«Kneif mich mal», flüsterte Borstel, «damit ich weiß, daß ich nicht träume.»

«Du mich auch, oder wir träumen beide dasselbe!» sagte Hoppel leise. Am See stand eine große rosa Blase. So ein Gebilde hatten sie noch nie gesehen.

«Was mag das sein?» fragte Borstel.

«Keine Ahnung», sagte Hoppel. Das rosa Ding bewegte sich nicht und blieb stumm. Schritt für Schritt pirschten sich Borstel und Hoppel heran, bis sie direkt daneben standen.

«Ganz schön groß!» staunte Hoppel.

«Blank wie der See, ich kann mich sehen!» Borstel freute sich über sein Spiegelbild in der rosa Blase.

«Was für seltsame weiße Augen es hat», sagte Hoppel. In dem Moment ertönte ein Trompetenton, mindestens so gräßlich, wie der der Jäger. Die beiden machten einen Satz und rannten so

schnell jeder konnte. Nach einer Weile fanden sie sich wieder.
«Ein seltsames Ding, diese rosa Blase», sagte Borstel neugierig und bewundernd.
«Du willst doch nicht etwa noch einmal hingehen?» fragte Hoppel furchtsam.
«Sei kein Angsthase, komm mit», bat Borstel. Mit Hoppel fühlte er sich sicherer.
«Na gut», gab Hoppel, wie immer, nach. «Aber diesmal nicht so nah heran.» Darauf bestand er.

Kaum waren sie in Sichtweite der rosa Blase, als diese ihre Augen zumachte, gleich darauf gingen die rosa Augendeckel wieder auf, und gelbes Licht strahlte Borstel und Hoppel an. Gebannt sahen die beiden zu. Langsam öffnete sich an der Seite der seltsamen Blase eine Klappe.

«Eine Tür!» flüsterte Borstel.

«Ein Flügel, vielleicht ist es ein Tier», sagte Hoppel beinahe tonlos. «Jedes Tier hat zwei Flügel», belehrte Borstel seinen Freund.

Da öffnete sich auch an der anderen Seite eine Klappe. Neugierig beugte sich Borstel vor. Er konnte durch das rosa Ding hindurchsehen. Das war unheimlich. Krachend fielen die beiden Klappen zu. Hoppel zog sich vor Schreck die Ohren vor die Augen. Borstel hatte sich zwar vorsichtshalber zusammengerollt, lugte aber schon bald wieder aus seinen Stacheln hervor. Er wollte zu gerne wissen, was das für ein seltsames Ding war.

«Wenn es ein Tier wäre, hätte es sich längst zu erkennen gege-

ben», murmelte er vor sich hin, «wer kann schon so lange schweigen.»
Wie eine Antwort ertönte wieder ein Trompetenstoß, dazu laute Musik, die rosa Blase klappte die Augen auf und zu, leuchtete gelb, die ‹Flügel› öffneten und schlossen sich, und knarrendes Gelächter schallte durch den Wald. Borstel und Hoppel rührten sich nicht von der Stelle.

«Was seid ihr denn für Wisperzwerge?» wollte die rosa Blase wissen.

«Sag du uns erst einmal, wer du bist!» rief Borstel.
Aber die Musik war so laut, daß das seltsame Ding nur fragte: «Hast du was gesagt, Wisperzwerg?»
Wütend ging Borstel ganz dicht an die Augen der rosa Blase.

«In unserem Wald wird nicht so ein Krach gemacht, du rosa Blase, du!» schrie Borstel wieder. «Du erschreckst alle Tiere!»
Zu seinem und Hoppels großem Erstaunen verstummte augenblicklich die Musik, die Trompetentöne hörten auf, und die rosa Blase sprach in erträglicher Lautstärke, wenn auch ziemlich knarrend, aber dafür konnte sie ja nichts.

«Ich bin ein Auto», stellte sie sich vor.

«Ich bin Borstel, der Igel, und das ist Hoppel, der Hase», sagte Borstel.

«Ein Auto», sagte Hoppel. Er konnte damit genauso wenig anfangen,als wäre das Ding tatsächlich eine Blase mit Flügeln gewesen.

«Habt ihr noch nie ein Auto gesehen?» Das rosa Auto lachte.

«Nein», gaben die beiden zu.

«Was machst du den ganzen Tag, Auto?» wollte Borstel wissen.

«Ich fahre herum und sehe immerzu neue Städte und Wälder, Wiesen, Seen. Manchmal schlafe ich auf der Straße, manchmal in

einer Garage, manchmal überhaupt nicht.»
Das Auto benutzte Worte, die Borstel und Hoppel gar nicht kannten. Das wollten sie aber nicht auch noch zugeben.

«Was willst du in unserem Wald?» fragte Borstel.

«Ich erhole mich von den anderen Autos, und ich wollte mal sehen,wie es bei euch so ist. Es gefällt mir. In dem kleinen See werde ich mich beim nächsten Mal waschen», sagte das Auto.
Da lachte Borstel. «Der ist ja viel zu klein für dich!» stellte er fest.

«Du kommst wieder?» fragte Hoppel und wurde ein bißchen

zutraulicher. «Was hast du für seltsame Klappaugen?» wollte er wissen.

«Wieso leuchten die hell wie die Sonne?» fragte Borstel.

«Steigt ein, ich zeige euch alles», lud das Auto sie ein. Die Türen, die Hoppel wie Flügel erschienen waren, öffneten sich und die beiden kletterten in das Auto. Sie hopsten auf den weichen Sitzen, drehten am Lenkrad, am Radio, bedienten die Hupe, diese Krach-

trompete und konnten über ihre Angst vor dem Auto laut lachen. «Ist so ein Auto schön!» jubelte Borstel.

«Verflixt, ist das schon spät!» rief das Auto auf einmal, «ich muß los.» Borstel und Hoppel kletterten heraus.

«Kommst du bald wieder?» wollte Borstel wissen.

«Bestimmt», sagte das Auto. «Ich muß euch doch noch zeigen, was ich am besten kann: fahren, schnell fahren!»

«Oh ja», sagte Borstel, obwohl er wieder nicht wußte, was das Auto eigentlich meinte. Mit einem Mal knurrte das Auto, knatterte, pufft-te und zischte. Es ruckte vor und zurück. Rauch und Gestank hüll-ten Borstel und Hoppel ein. Als der Rauch sich verzog, war das Auto weg. Borstel sah Hoppel an, Hoppel sah Borstel an, ge-schwärzt alle beide, als wären sie durch einen Schornstein gerutscht. Das Lachen blieb ihnen im Halse stecken, denn der Gestank, der zurückgeblieben war, machte ihnen Angst. Den kann-

ten sie. Hoppel wollte sich gleich den Ruß abwischen, doch es gelang ihm nicht. Sein weißer Bauch wurde eher dunkler als sauber. «Komm, wir waschen uns», sagte Borstel und stand schon auf zwei Beinen im See. Als er seine Nase über das Wasser beugte, sah er, daß sich um ihn herum lila schimmernde Kreise bildeten. Er machte einen Schritt zur Seite, die bunten Kreise zogen mit. Rückwärts kam er wieder heraus. Der See war ihm auf einmal unheimlich.

«Vorsicht!» warnte Hoppel ihn. «Hier ist wieder so ein Schmierfleck, wie vorhin an deinen Füßen.»

«Tatsächlich!»

«Das war das Auto», sagte Hoppel düster.
«Das schöne rosa Auto? Das glaube ich nicht», wehrte Borstel sich.
Hoppel zeigte auf das zerdrückte Gras.
«Und die Sandpilze, alle plattgequetscht», sagte er.

«Schade, auf die hatte ich mich so gefreut», sagte Borstel enttäuscht. «Woher willst du wissen, daß es das Auto war?»

«So wie wir stinken? Der Rauch vorhin und der Ölfleck riechen genauso, auch wenn der Ruß auf unserem Fell anders ist. Das war das Auto», beharrte Hoppel.

«Was machen wir mit dem Ölfleck? Eingraben?» überlegte Borstel laut.

«Bloß nicht, dann geht das Öl ja gleich in die Baumwurzeln», warnte Hoppel, «und die Blätter können keine frische Luft mehr machen.»
Borstel lief in die Schonung um nachzusehen, aber die Blätter der Buchen waren noch grün und glatt und die Nadeln der Fichten sahen aus wie immer.

«Alles Übertreibung», sagte Borstel, «du hast dir von Kater Schlurf zu viel Angst machen lassen. Wir kennen ihn doch, er übertreibt eben gern.»

«Nein, ich möchte nicht so rumlaufen, daß sich jeder die Nase zuhält, der mir begegnet. Und was wir mit dem Ölklecks da auf dem Boden machen sollen, wissen wir auch nicht. Ich gehe zu Onkel Uhu», sagte Hoppel entschlossen.

Borstel sah sein verrußtes Bäuchlein an und nickte zustimmend. In einem so schwierigen Fall konnte nur Onkel Uhu helfen. Onkel Uhu wohnte in einer sehr alten Eiche. An ihrem Fuß, zwischen den knorrigen Wurzeln, hielt er auch die Waldschule für die Tierkinder. Um die Mittagszeit hatte er es nicht gern, gestört zu werden. Das wußten Borstel und Hoppel. Sie standen unschlüssig vor der Eiche. Schläfrig steckte der Uhu seinen Kopf aus der Baumhöhle.

«Was riecht hier so seltsam?» brummelte er.

Er drehte den Kopf schnuppernd nach links, nach rechts, nach oben und nach unten.

«Borstel und Hoppel», knurrte er, nicht eben begeistert über den Besuch. Trotzdem kam er aus seinem Nest und schwebte auf den Waldboden.

«Iiiii!» machte er, als er den beiden gegenüber stand. Schuldbewußt senkten sie die Köpfe, obwohl sie doch gar nichts dafür konnten. Dann erzählten sie alles von Anfang an. Der Uhu hörte aufmerksam zu. Dabei watschelte er auf und ab, wie es seine Art im Unterricht war. Oft hatte er sie damit zum Kichern gebracht. Doch heute war Borstel und Hoppel nicht zum Lachen zumute, denn die Sorgenfalten auf Onkel Uhus Stirn wurden tiefer.

«Bedenklich, sehr bedenklich», sagte er, «ihr riecht nach Maschinen.»

«Nein, es war ein Auto», warf Hoppel ein.

«Ein Auto ist auch eine Maschine», belehrte ihn der Uhu.

«Wirklich?» fragte Borstel, und als der Uhu nickte, fügte er hinzu: «Aber eine sehr schöne Maschine!»

«Nun ja», sagte der Uhu nur, dann besah er die beiden noch einmal gründlich. «Zuerst muß euer Fell wieder sauber werden, denn wenn ihr von diesem Öl etwas ins Bäuchlein bekommt, werdet ihr krank.»

Kamillenöl

Steif und starr rührten Borstel und Hoppel sich nicht vom Fleck. «Blöde Automaschine!» zischte Hoppel.

«Das Auto war's bestimmt nicht», protestierte Borstel leise. Onkel Uhu brachte Kamillenöl aus seiner Waldapotheke.

«Mit diesem Öl löst sich sogar die Maschinenschmiere», sprach er

den beiden gut zu und half beim Einreiben. Mit Blättern nahmen sie die gelösten Ölreste ab. «Wir legen alle verschmierten Blätter auf ein Häufchen, holen nachher auch eure Huflattichblätter und werfen sie in einen Behälter, damit sie nicht doch noch Schaden anrichten», sagte Onkel Uhu. «Euch beiden fehlt nur noch ein tüchtiger Regenguß, dann ist alles überstanden», sagte er erleichtert. Sie machten sich auf den Weg zum kleinen See, um Onkel Uhu den Ölfleck zu zeigen. Schon von weitem hörten sie ein knatterndes Geräusch.

«Es ist wieder da!» Borstel freute sich und rannte los. Aber es mischte sich ein fremdes Zischen in das inzwischen bekannte Tuckern, so daß Vorsicht geboten schien. Langsam folgten Hoppel und Onkel Uhu. Borstel stand am Rand der Schonung und rief:

«Hallo Auto! Hier bin ich!» Doch das Auto nahm keine Notiz von

ihm. Es war nicht allein zurückgekommen. Es hatte ein weißes Auto mitgebracht, mit dem es im Kreis um den kleinen See raste. Das weiße Auto gab beim Fahren einen hellen zischenden Ton von sich. Sand stiebte auf und Rauchgestank lag in der Luft.

«Auto!» rief Borstel noch einmal, so laut er konnte. Das Auto hörte ihn nicht. Tränen stiegen ihm in die Augen.

Als Onkel Uhu das alles sah, sagte er: «Das ist dieser böse Rauch, den die Maschinen machen.»

«Was können wir bloß tun, Onkel Uhu?» rief Hoppel entsetzt. Der Uhu überlegte, aber ihm fiel auch nicht ein, wie die Autos zu stoppen wären.

«Ich gehe hin und halt' sie einfach an», sagte Borstel entschlossen. «Auf keinen Fall!» befahl der Uhu. «So einen kleinen Igel sehen die Autos bei ihrer Raserei gar nicht. »

«Sie sollen aufhören, sag' ihnen das, Onkel Uhu», bat Hoppel.

«Auf mich hören sie genau so wenig», gab der Uhu zu. Auf einmal fuhr das weiße Auto geradeaus, direkt in den Waldweg hinein und das rosa Auto folgte ihm.

«Sie sind weg!» freute Hoppel sich.

«Einfach weg», sagte Borstel.

«Leider nicht», sagte der Uhu. «Sie sind nur noch tiefer in den Wald gefahren und das ist beinahe noch schlimmer, als um den kleinen See zu rasen.»
Nachdenklich ging der Uhu auf und ab. «Jetzt weiß ich, wer uns helfen könnte», sagte er plötzlich.

«Wer?» wollten Borstel und Hoppel gleich wissen. «Ein Freund», sagte Onkel Uhu. «Wenn er heute im Wald ist, kann er uns vielleicht helfen, aber ich will euch lieber noch nichts verraten, ich bin bald zurück.» Der Uhu schwebte davon.

Borstel und Hoppel gingen langsam zum See hinunter. Was die Autos angerichtet hatten, ließ sie erschrecken. Der Grasboden rings um den See war verschwunden, statt dessen gab es nur noch tiefe Sandrinnen mit Reifenspuren. Löwenzahn und Sauerampfer, Wiesenschaumkraut und Gänseblümchen lagen beiseite geschleudert mit den Wurzeln nach oben. Und hier und da ein Klecks Maschinenöl. Nicht groß, aber Hasen- und Igelpfoten sind noch kleiner.

Borstel und Hoppel setzten sich. Nur vereinzelt piepste ein Vogel, es war traurig still im Wald. Auf einmal hörten sie ein Pferdewiehern. Das kannten sie und das Pferd auch.

«Na klar!» rief Borstel, «das Pferd ist Onkel Uhus Freund.»

«Und unserer auch», fügte Hoppel stolz hinzu.

Bis das Pferd in den Wald kam, hatten kleine ratternde Maschinen die abgeholzten Baumstämme aus dem Wald gezogen. In jedem alten Wald müssen regelmäßig die ältesten und die zu dicht stehenden Bäume geschlagen werden, abgesehen von seltenen Exemplaren, wie der alten Eiche von Onkel Uhu, in der schon seine Urahnen gewohnt haben.Wo die alten Bäume Platz gemacht haben, werden wieder junge Bäumchen gesetzt. Da können sie am

besten heranwachsen, denn die umstehenden Bäume sind schon so groß, daß sie den kleinen Bäumen Schatten spenden, sie vor Sturm beschützen und ihnen in trockenen Zeiten sogar vom eigenen, in den Wurzeln gespeicherten Wasser abgeben können. Das hatte ihnen alles das Pferd erzählt, es wußte eine Menge, und es war sehr stark. Es zog einen dicken Baumstamm zwischen den anderen Bäumen heraus, als trüge Borstel einen Grashalm. Für die Maschinen war zu wenig Platz zwischen den Bäumen. Das Pferd

aber schrammte die Rinde der Bäume nicht ab, es machte keinen Lärm und keinen Maschinengestank. Gespannt sahen Borstel und Hoppel in die Richtung, aus der das Wiehern gekommen war. Sie brauchten nicht lange zu warten. Augen, Mund und Ohren sperrten sie auf bei dem Anblick. Aus dem Wald kam das rosa Auto rückwärts gefahren, geschoben vom weißen Auto, das nur leise vor sich hin zischelte. Neben den beiden trabte das Pferd, und Kater Schlurf wechselte behend die Seiten, war mal rechts, mal links,

auch vorn und hinten. Über allen schwebte gemächlich Onkel Uhu. Borstel und Hoppel liefen ihnen entgegen. Der Wildkater stoppte sie. «Halt, halt! Die Autos sehen euch nicht und fahren einfach über euch weg!»

«Was du von mir denkst», sagte das rosa Auto beleidigt, aber kleinlaut, «den kleinen Igel kenn' ich doch und den Hasen auch.»

«Du hast es nicht vergessen», sagte Borstel froh, «aber vorhin hast du nicht gehört, als ich dich gerufen habe.»

«Das ist es», schimpfte Kater Schlurf, «nicht genug, daß eure Motoren Radau machen, ihr schreit auch noch mit euern Radios durch den Wald. Nicht einmal eine Maus kann man dann noch piepsen hören.»

«Das Schlimmste sind die Ölflecke, die du machst, ich stinke schon genauso wie du», legte nun auch Borstel los.

«Aber ich stinke nicht. Ich rieche wunderbar! Ich brauche diesen Saft Benzin mit Öl zum Fahren. Und damit alles gut verbrennt, brauche ich frische Luft, dann kann ich so richtig lossausen.»

Für einen Moment waren alle Tiere sprachlos.

«Du brauchst auch frische Luft?» fragte Borstel staunend.

«Natürlich», sagte das rosa Auto.

«Dann darfst du doch erst recht nicht in den Wald!» rief Hoppel.

«Wieso nicht?» wollte nun das Auto wissen.

«Na, die Bäume vertragen den Rauch nicht, den du beim Fahren machst, und die Blätter der Bäume stellen frische Luft her», erklärte Borstel, was er kurz zuvor vom Kater Schlurf gelernt hatte.

«Sehr gut aufgepaßt, Borstel», sagte der zufrieden.

«Das ist doch prima!» sagte das Auto, «dann bin ich gerade richtig hier »

«Ach, ist so ein Auto dumm!» sagte der Wildkater von oben herab.

«Na, na», sagte das Auto.

«Hör mal lieber zu», riet das Pferd dem Auto.

«Wenn du immer mehr von deinen Freunden mit in den Wald bringst, gehen die Bäume durch euren Rauch kaputt, und es bleiben nicht genug Blätter, um frische Luft für alle herzustellen», erklärte Borstel weiter.

Das rosa Auto seufzte.

«Das geht so lange, bis eines Tages alle Blätter tot sind und der ganze Wald auch», schloß Borstel seine Warnung. Er war ganz dicht an das Auto herangegangen und strich mit dem Pfötchen über das glänzende Rosa.

«Ist das alles traurig», sagte das Auto bekümmert.

«Das ist es», stimmte Borstel zu.

«Wollen wir eine kleine Runde fahren?» fragte das Auto.

«Gern! Aber es geht nicht, denk doch an den Wald», widerstand Borstel tapfer.

«Aber es gefällt mir so gut im Wald», sagte eigensinnig das Auto.

«Sei bloß vernünftig Auto», warnte das Pferd. «Du mit deinen Pferdestärken im Motor bist ja irgendwo verwandt mit mir. Du bist zwar schneller als ich, aber meine Hufe können auch ganz schön gefährlich sein!»

«Ich weiß, ich weiß», lenkte das Auto ein, «vor allem für meine Blechhaut. Beulen kann ich nicht leiden.»

«Du hast eine Haut aus Blech?» fragte Borstel und befühlte noch einmal das Auto.

«Ich merke schon, das Auto hat es dir angetan, was Borstel?» sagte der Uhu schmunzelnd, «trotzdem darf das Auto nicht mehr in den Wald kommen.»

«Nie wieder?» fragte Borstel.

«Nie wieder», sagte Onkel Uhu so bestimmt, daß es keine Widerrede gab. «Aber weil das Auto den Wald gern hat und auch frische Luft braucht, darf es auf seiner eigenen Straße bis an den Waldrand fahren.»

Das Auto war einverstanden. So leise es konnte, tuckerte es mit dem weißen Auto davon.

«Vielleicht fahren wir doch mal eine Runde», sagte das rosa Auto leise zu Borstel.

«Ja, vielleicht», antwortete Borstel.

«Soll ich euch helfen kommen, hier alles wieder glatt zu machen?»bot sich das Pferd an.

«Das wird nicht nötig sein», sagte der Uhu. «Wir lassen den Seerand eine Weile in Ruhe, dann ist bald wieder alles zugewachsen.»

So ist es auch gekommen. Der kleine See hatte bald seinen Grasgürtel zurück, sogar die Sandpilze waren wieder da. Borstel lag nun besonders gern im Gras am See. Da träumte er von einer Fahrt im rosa Auto, natürlich nicht durch den Wald.

Waldspaziergang

Ein Spiel für einen oder mehrere Spieler

Gebraucht werden: Die Spielvorlage, die diesem Buch beiliegt, 1 Würfel und ein Setzstein für jeden Spieler. Es wird nacheinander gewürfelt. Wer eine 1 würfelt, darf einsetzen und gleich drei Felder vorrücken, denn

1 das Auto wurde vorschriftsmäßig auf dem Parkplatz am Waldrand abgestellt.

2 Nach kurzem Weg wird ein Picknick gemacht. Die Abfälle kommen in den dafür vorgesehenen Korb und nicht auf den Waldboden. Deshalb darf noch einmal gewürfelt werden.

3 Zertretene Pilze? Wer sich so im Wald benimmt, muß zweimal mit Würfeln aussetzen!

4 Es ist schön, Borstel im Wald zu treffen. Damit er ungestört seiner Wege gehen kann, wird einmal mit Würfeln ausgesetzt und dafür beim nächsten Mal die doppelte Zahl vorgesetzt.